医者が考案した
見るだけで

やせるクスリ絵

医学博士
丸山修寛
Nobuhiro Maruyama

宝島社

はじめに

やせたいけれど、体を動かすハードなエクササイズはやる気が出ない……。

1食の量は多くないはずなのに、ポッコリおなかが目立ってきた……。

新陳代謝が年齢とともに低下してきて太りやすくなってしまった……。

これらの「やせたい」という体の悩みは意外にもいちばん多いのが事実です。そして、鏡の向こうにいるイメージどおりではない自分に嫌気がさし、心も安定しなくなっていく悪循環が起こります。

しかし、この「クスリ絵」は眺めて触れるだけで、やせる効果が期待できるのが特徴です。クスリ絵には、「循環を促すエネルギー」が入っているため、体の体質を変えてくれて、気づいたらやせている自分に出会えるのです。また、やせるだけではなく、心身の不調や悩みを解決に導き、さらに自分の願望や夢までも叶える力を与えてくれるという驚きのパワーがあります。

そもそもクスリ絵とは、医師が処方する薬ではありません。数学、物理学、美術、神聖幾何学、そして東洋医学などいろいろな概念を取り入れて、色・形・数字などの力にも着目して、20年以上前から研究・開発してきたアートです。患者さんに寄り添いたい思いで創作しました。

処方箋もいりませんし、自分の好きなタイミングで自由に使うことができます。ページをパラパラめくって、気になったクスリ絵を眺めてみてください。体や心に何か感じてきませんか？

現代医学で人体（肉体）は治せます。しかし、人体の周りにある"生命場"という、人体に気のエネルギーを供給する空間を治療することはできません。この生命場に異常があると、気のエネルギーを体に供給できなくなります。

クスリ絵は人体そのものを治すのではなく、人体を取り巻く空間（生命場）に働きかけます。人体に生命エネルギーがたくさん入ることによって、人体そのものの不調や病気の症状が改善されていくのです。

このすべてのエネルギーが体内に循環するサポートを、クスリ絵は行います。

医学博士
丸山修寛

驚異の力を発揮する5つのクスリ絵が大集結!
巻頭SPECIAL
最強パワーのクスリ絵 *BEST 5*

KUSURIE
01

フラワーシャーベット

- 邪気を吸い取る
- 体の痛みが消える
- 人間関係の問題を解決

体の不調を改善、運気も向上

5万人以上が活用し、体の不調から霊障、運気向上まであらゆる改善に役立っています。マイナスのエネルギーや邪気を吸い取り、ヘルシーな体へ導きます。清らかな愛を育むサポートもしてくれるので、誠実な人間関係を深く築けるでしょう。生命の源でもある太陽をイメージした絵柄は、ベスト5に入るほどのパワフルな力をもちます。

KUSURIE *01* **フラワーシャーベット**

驚異の力を発揮する5つのクスリ絵が大集結!

巻頭SPECIAL 最強パワーのクスリ絵 BEST 5

KUSURIE
02

スーパーアルファイオメガ

- 開運を導く
- ポジティブ思考
- 体・心の不調改善

心身のバランスを整える

絵柄はピラミッド構造でできており、「世界のすべてであること」を示す十字架を意味しています。イエス・キリストの強いパワーが込められており、人類を見守る愛と慈悲の象徴でもあり、万能のパワー（開運・健康運・金運・仕事運・恋愛運・邪気払いなど）をもちます。心身のバランスを整えるのにも最適なクスリ絵です。

巻頭SPECIAL
最強パワーのクスリ絵 BEST 5

驚異の力を発揮する5つのクスリ絵が大集結！

KUSURIE
03

ダイヤ

- 神経に作用する
- 風邪を予防
- 住まいを守る

免疫力の強化

神聖幾何学の「フラワーオブライフ」を基にしたこの絵柄は、最上級のパワーをもちます。2年の制作期間を費やした傑作品。体の免疫力を上げ、がん患者の痛みを軽減する効果も。脳から全身に指令を出す神経や、内分泌の働きを整えてやせやすい体質に変えます。みぞおちの5センチほど下の膵臓あたりにクスリ絵を当てるとよいでしょう。

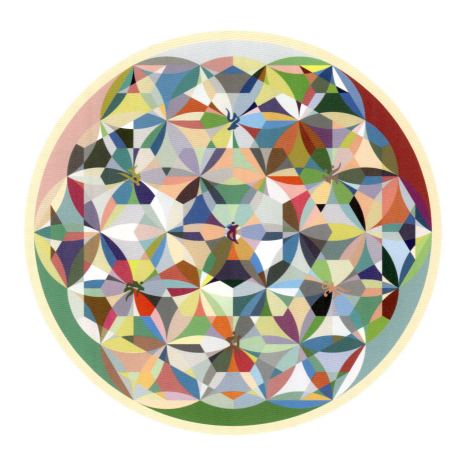

巻頭SPECIAL 最強パワーのクスリ絵 *BEST 5*
驚異の力を発揮する5つのクスリ絵が大集結！

KUSURIE
04

アイム

- 自分自身と向き合う
- 最強パワーをもつ
- モチベーション向上

不調が瞬時に改善

"I am（アイアム）＝私は永遠にあり続ける"という意識をデザインしたのがこのクスリ絵です。さらに「ここにいる私が世界の中心である」という意味も込められており、最高レベルの強いエネルギーが絵柄から放たれます。体の痛みや心の迷い、人生の悩みも瞬時に消え、本当の自分に戻れるようサポートしてくれるため、心が満たされます。

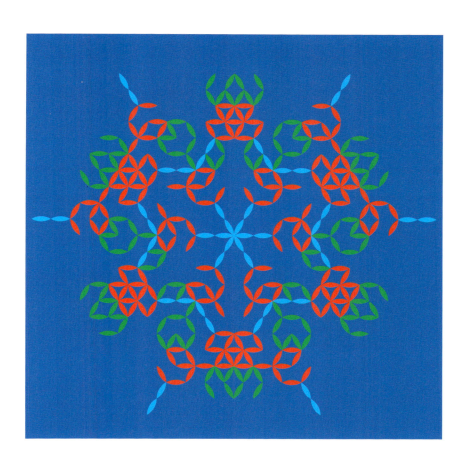

巻頭SPECIAL 驚異の力を発揮する5つのクスリ絵が大集結！
最強パワーのクスリ絵 *BEST 5*

KUSURIE
05

カタカムナゴールデンドラゴン

- エネルギーの循環を促す
- お金に恵まれる
- 心身の問題解決

潜在意識を高める

「マイドラゴン（自分だけの専用の龍）」とつながることで、潜在意識が喜び、心が開くため本当の愛に気づくことができます。愛に溢れ、インスピレーションが高まり、体の悩みも解決へと導きます。金運向上の力ももっているので「〇〇〇をするのに経済的支援をお願いします」などとお願いすると後押ししてくれます。

KUSURIE *05* カタカムナゴールデンドラゴン

クスリ絵がもつパワーとは？

20年以上研究を積み重ねて1万種以上創作されてきたクスリ絵は、8割以上の患者さんの不調や悩みを解決に導いてきた実績があります。すべてのクスリ絵はエネルギーを放ち、あなたの不調や悩みを改善するサポートをしてくれます。どのようにクスリ絵があなたの心身に影響を与えるかをご紹介します。

やせやすい体質になる
クスリ絵には「循環を促す」というエネルギーが入っています。血流が促進されるため、あなたの体質が変わり、理想の体型に近づけます。

心身の不調が改善する
絵柄がもつ色や形のエネルギーが心身に影響して、潜在意識に働きかけます。また、人間の生命場を整える役割をクスリ絵はしてくれます。

生まれもった能力の向上
あなたの中に眠っている様々な能力や才能を引き出してくれる効果があります。伸ばしたいところがあったら、クスリ絵が後押ししてくれるでしょう。

モチベーションがアップ
勉強やスポーツ、仕事や子育てなど、なかなか気持ちが前に向かないときに、クスリ絵を眺めるだけで体の内側からやる気が湧き上がってきます。

免疫力を高める
生命エネルギーをコントロールしてくれる作用があります。不調が続くときや風邪をひきそうなときに、もっている免疫力を底上げしてくれるでしょう。

開運を引き寄せる
絵柄には宇宙規模の特別な強いパワーが宿っているので、自然と運気が上昇します。健康運、恋愛運、金運、仕事運など多くの運に恵まれます。

潜在意識に働きかける
体と心の生命維持を司る神経システムは、潜在意識から生み出されています。あなたの行動や思考がクスリ絵によって潜在意識にアクセスします。

負のエネルギーを消す
潜在意識にダメージを与えるため、あらゆる"負""マイナス""ネガティブ"なものを排除。霊障も浄化するので、魔除けや邪気払いなどにも効果抜群です。

願望や夢が叶う
絵柄にあなたの叶えたい願いを過去形で書くと、潜在意識が働いて宇宙レベルにまで届きます。あなたの願望や夢などが実現するように手助けしてくれるでしょう。

幸せになる
クスリ絵には「あなたの人生をよくしたい」という思いや願いが込められています。眺めたり触れるだけで、心が穏やかになり笑顔が溢れるでしょう。

本書の使い方

本書は読む人の感覚が優先されるので、好きなページをパラパラめくり、お気に入りのクスリ絵を見つけてみてください。82種のクスリ絵は、目的別でも探せるようになっています。あなたに合うクスリ絵を見つけて、心がときめくクスリ絵ライフを楽しみましょう。

❶目的別カテゴリー
巻頭含め13個のカテゴリーに分けられているので、その日の自分の体調や気分で、何を求めているのかここから導けます。

❷クスリ絵の名前
著者が命名したクスリ絵は、個性豊かな名前のオンパレード。クスリ絵の名前を声に出して発するのもよさそうです。

❸効果別インデックス
クスリ絵がもつパワーの効果を示していますが、あくまでも目安です。効果にとらわれずに自分の直感で選んでOKです。

❹症状・お悩みの改善ポイント
効果にとらわれないのは大事ですが、目安としてどのように改善されるかも知りたいですよね。あなたの好きなクスリ絵が見つかりますように。

❺クスリ絵の解説・使い方
どのような意味が絵柄に込められているのか、どのようなパワーをもつのかなどを解説します。クスリ絵の知識を広げましょう。

❻クスリ絵
神秘的な美しいクスリ絵を1ページに収めました。本から切り取って使うもよし、体に当てるもよし、ただ眺めるもよし。使い方はあなた次第です。

❼クスリ絵の名前（ミニ）
パラパラめくったときに目に入りやすいように、右上部分にもクスリ絵名を明記しています。切り取ったときにも一目で名前がわかります。

●個人差がありますので、すべての人に同じ効果があるとは限りません。「効果を実感したい」という心構えや思いよりも、絵柄を見て楽しむというスタンスでクスリ絵を活用してください。●「絵」ですので、病気を治療する薬ではありません。医師から処方されている処方薬があれば今までどおり使用し、本書のクスリ絵と併用することが望ましいです。体調の変化があった際には、速やかに医師に相談してください。●調子が悪くなったなど、体に合わない場合は、クスリ絵の使用を中止してください。

クスリ絵の使い方

人によって使い方が千差万別なのがクスリ絵です。自分が使いやすい方法で活用するのがいちばんですが、どのように使うとよいのかをいくつか例にあげました。ぜひ参考にしてみてください。

自分の心に従う

眺めたいとき、触りたいとき、貼りたいとき、いつでもクスリ絵を使用してください。ページをめくって心地よいと思った絵柄を見つけてください。または、占いのように本をパッと開いたときに出たクスリ絵が、あなたが今求めているものかもしれません。「あなたが開いたページ＝あなたが決めたクスリ絵」だからです。使用方法や使用時間も"思うまま"がベストです。

無の状態がベスト

クスリ絵を使う際に、「よくなりたい！」と身構える姿勢や、気持ちを意識することはなくしてください。思いやエゴがあると、反作用を引き起こす可能性もあります。ありのままの素直な自分で、クスリ絵を楽しむとよいでしょう。余計な感情や考えがないときにクスリ絵と向き合ってみてください。

直感を信じる

クスリ絵を眺めていると「美しい〜」「体がやせてきた！」「ブルーな気分だったのに前向きになってきた」など、いろいろな気持ちが湧き出てきます。それがあなたの直感です。本書は効果別になっていますが、自分が何かを感じたクスリ絵を見つけたら、そのクスリ絵を楽しんでください。日常にクスリ絵がある生活を始めると、心身ともに改善されるでしょう。

効能が違っても◎

本書に書かれている効能にとらわれず、パラパラめくって気になったものからクスリ絵に触れてみてください。すべてのクスリ絵にパワーが宿っていますので、その日の気分でクスリ絵を選ぶといいでしょう。選んだ日の体調や感じ方で、クスリ絵も効果が変化します。

じーっと眺める

ソファやイスなどリラックスできるところに座り、本書を開きます。心を無の状態にして、先入観をなくすといいでしょう。気づくと脳や体が目覚めてきて、体によい変化をもたらします。好きなだけ眺める時間をとってクスリ絵を楽しみましょう。

そっと触れる

清潔な手でクスリ絵の上に手をそっと添えてみてください。クスリ絵自体が十分なパワースポットなので、触れるだけでクスリ絵の恩恵が全身に行き渡ります。気になるものがあったら触ってみましょう。温かく感じるかもしれません。

願いを書き込む

願いや決意など、絵柄に直接書き込んでしまって問題ありません。きれいなクスリ絵の上に書きたくないという人は、絵柄の周りの空きスペースや裏面に書いてもいいです。本書は書き込み専用紙ではありませんので、消えにくいペンをご自身で見つけてみてください。

体に当てる

好きなクスリ絵のページを開いて、心身の気になる部分に当ててみてください。手で持つとすぐに疲れてしまう場合は、ほんの数秒でも構いません。また、本を開いて食べ物や植物に添え当てたまま数時間置いてみると、味や見た目の変化も楽しめます。

待ち受け画像に設定

クスリ絵を持ち歩きたいときに便利なのが、スマホや携帯電話のカメラで撮影することです。待ち受け画像に設定すれば、本書を持ち歩く必要がないですし、画面を開いたときにすぐにクスリ絵が見られます。その日の気分で画像を替えてもいいかもしれません。

体や壁に貼る

体に貼ったり、インテリアとして飾ったりする場合は、絵柄のページをハサミやカッターで切り離して使ってみてください。もし切り離したとしても絵柄の右上部分にクスリ絵名が書かれているので、すぐにどのクスリ絵かわかるようになっています。体に貼ると、ダイレクトにパワーが伝わるのでおすすめです。

もくじ contents

はじめに …………………………………… 2

驚異の力を発揮する5つのクスリ絵が大集結！
巻頭SPECIAL 最強パワーのクスリ絵 BEST5

KUSURIE 01	**フラワーシャーベット** …… 4 体の不調を改善、運気も向上
KUSURIE 02	**スーパーアルファイオメガ** …… 6 心身のバランスを整える
KUSURIE 03	**ダイヤ** …………………… 8 免疫力の強化
KUSURIE 04	**アイム** ………………… 10 不調が瞬時に改善
KUSURIE 05	**カタカムナゴールデンドラゴン** … 12 潜在意識を高める

クスリ絵がもつパワーとは？ …… 14
本書の使い方 ……………………… 15
クスリ絵の使い方 ………………… 16

第1章 健康的に美しくやせる

やせやすい体を作るクスリ絵

KUSURIE 06	**フェアリーの食卓** ……… 24 食欲が抑制される
KUSURIE 07	**グリーンスコープ** ……… 26 やせ体質になる
KUSURIE 08	**グリーンウォーキング** …… 28 運動のモチベーションアップ
KUSURIE 09	**菊の紋章** ………………… 30 代謝ホルモンの活性化
KUSURIE 10	**カオス** …………………… 32 脂肪燃焼効果が期待できる

全身がやせるクスリ絵

KUSURIE 11	FOL. $\alpha\phi\omega A$ ……………… 34 リンパの流れがスムーズに

KUSURIE 12	スレンダークイーン ……………… 36 消化吸収力がアップ

KUSURIE 13	オー・マイ・マジック ……………… 38 体が喜び、軽くなる

KUSURIE 14	デトックスフラワー ……………… 40 体内デトックス効果

KUSURIE 15	湧水 ……………… 42 全身のむくみをなくす

KUSURIE 16	クールマッスル ……………… 44 筋肉を緩める

KUSURIE 17	カタカムナダブルリボン（正負）… 46 リンパが巡り体質変化

KUSURIE 18	メタトロン ……………… 48 関節の動きがよくなる

KUSURIE 19	セブン・ホーリー・ドッグ … 50 体内の余分な水分を排出

KUSURIE 20	フラグメント ……………… 52 運動能力が上がる

KUSURIE 21	スーパーレッド ……………… 54 脂肪燃焼効果で代謝アップ

おなかがやせるクスリ絵

KUSURIE 22	エンジェルフォース ……………… 56 全身の体調がよくなる

KUSURIE 23	エメラルドフラッシュ ……………… 58 胃腸が働き、内臓脂肪ダウン

KUSURIE 24	スノーパレス ……………… 60 便秘のぽっこりおなかを改善

KUSURIE 25	キューピット ……………… 62 憧れの腸美人になれる

KUSURIE 26	決心 ……………… 64 ぽっこりおなかが凹む

美脚になるクスリ絵

KUSURIE 27	仮面 ……………… 66 脚の長さが整う

KUSURIE 28	ドラゴンボールブルー ……………… 68 歩くのがラクになる

KUSURIE 29	ランランラン ……………… 70 筋持久力がつく

KUSURIE 30	ミロク ……………… 72 脚力アップに効果

二の腕・背中がやせるクスリ絵

KUSURIE 31	リンゴ ……………… 74 太ももや二の腕のセルライト軽減

KUSURIE 32	メリーゴーランド ……………… 76 背中・腰周りのハミ肉撃退

第2章 メンタルを整えて内面から美しくなる

メンタルに寄り添うクスリ絵

KUSURIE 33	光のコイン ……………… 80 ストレスを軽減
KUSURIE 34	ダンシングホワイト ……… 82 緊張をやわらげる
KUSURIE 35	涅槃 …………………… 84 肩コリを改善し、ぐっすり眠れる
KUSURIE 36	オレンジピール ………… 86 体全体の不調を改善
KUSURIE 37	ブレインスター ………… 88 ストレス時の胃痛のケア
KUSURIE 38	ブルーフレア ……………… 90 人間関係を円滑にする
KUSURIE 39	ディフェンダー …………… 92 ストレス社会から守ってくれる
KUSURIE 40	リース ……………………… 94 睡眠の質を高める
KUSURIE 41	シーザー …………………… 96 集中力を維持する
KUSURIE 42	ブルースプリングス ……… 98 集中力がアップして仕事が効率化

なりたい自分に出会えるクスリ絵

KUSURIE 43	見つけた ………………… 100 自分の内面の魅力を引き出す
KUSURIE 44	コノハナノサクヤヒメ … 102 夢の実現をサポート
KUSURIE 45	サーカス ………………… 104 アイディアがひらめく
KUSURIE 46	もてもて ………………… 106 コミュニケーションが円滑に
KUSURIE 47	アラビアンス …………… 108 体も心も浄化
KUSURIE 48	プリズム ………………… 110 臨時収入など金運に恵まれる
KUSURIE 49	光のダルマー …………… 112 感情をいい波動に変換
KUSURIE 50	インディアンウルフ …… 114 負のエネルギーを取り除く
KUSURIE 51	レディースタート ……… 116 決断力を与えてくれる
KUSURIE 52	光、咲く ………………… 118 人生の光を示す
KUSURIE 53	天空の泉 ………………… 120 ネガティブな感情を取り除く
KUSURIE 54	光の誕生 ………………… 122 DNAに働きかけて能力向上
KUSURIE 55	心の門番 ………………… 124 瞑想と同じ効果を得られる
KUSURIE 56	ホーリーアタック ……… 126 気持ちを冷静に導く

第3章 女性の悩みを解決して美しくなる

美しくなるクスリ絵

KUSURIE 57 トゥインクル ……………… 130
老化を防ぐ

KUSURIE 58 魂 ……………………………… 132
老化現象から守る

KUSURIE 59 ライトパープル …………… 134
シミもシワも軽減して若返る

KUSURIE 60 グリーンボール …………… 136
アンチエイジングの味方

KUSURIE 61 ブルークルノス …………… 138
ホルモンバランスの向上

子宮・膀胱を労わるクスリ絵

KUSURIE 62 レモンシード ……………… 140
月経前の不調やイライラを緩和

KUSURIE 63 レッドクロス ……………… 142
月経痛を緩和する

KUSURIE 64 パープルツリー …………… 144
月経中の腰痛を改善

KUSURIE 65 オレンジーズ ……………… 146
子宮を温める

KUSURIE 66 チェリー …………………… 148
婦人科系トラブルに効果大

KUSURIE 67 レベッカ …………………… 150
子宮疾患の症状をやわらげる

KUSURIE 68 確信 ………………………… 152
膀胱を強くして悩みを改善

妊娠・出産を導くクスリ絵

KUSURIE 69 星の誕生 …………………… 154
妊娠しやすい体に

KUSURIE 70 トグルク …………………… 156
幸せな安産を導く

KUSURIE 71 ラズベリー ………………… 158
結婚や子宝の縁を運ぶ

KUSURIE 72 ホビットの村 ……………… 160
家族を笑顔にする

KUSURIE 73 フラワーイエロー ………… 162
妊婦の体を労わる

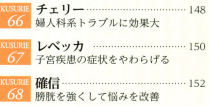

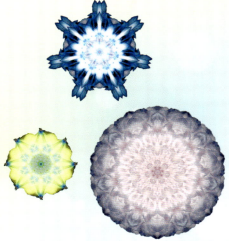

第4章 不調を改善して体が変わる

体の痛みやコリをとるクスリ絵

| KUSURIE 74 | 双龍 あわ歌 …………… 166
首の痛みや肩コリに効く

| KUSURIE 75 | 回復 ……………………… 168
足腰の不調を改善

| KUSURIE 76 | スカイブルー …………… 170
腰痛が消える

| KUSURIE 77 | ホワイトスター ………… 172
上半身がラクになる

様々な不調を改善するクスリ絵

| KUSURIE 78 | 聖輪 ……………………… 174
更年期障害のうつ症状を取り除く

| KUSURIE 79 | ゴールデンあんど ……… 176
絶大な疲労回復効果

| KUSURIE 80 | ダイヤグラムカラー …… 178
認知症を予防する

| KUSURIE 81 | 天河の鈴 ………………… 180
つらい冷え性を防止

| KUSURIE 82 | 立体マンダラ …………… 182
頭痛と鼻づまりに効果大

クスリ絵の疑問を解決！Q&A …… 184
クスリ絵シールの使い方 ………… 190

COLUMN
アファメーションをしましょう ……… 78
チャクラと色の不思議 ……………… 128
形と数字の不思議 …………………… 164

第1章

健康的に美しくやせる

やせやすい体を作る
クスリ絵

KUSURIE
06

フェアリーの食卓

- 暴飲暴食を防ぐ
- 内から体が変わる
- 疲れを癒やす

食欲が抑制される

食欲調整をしてくれるクスリ絵。食べ過ぎの人は食欲がほどほどに抑えられ、小食の人は食が進みます。食事の際は、この絵柄を自分の傍(そば)に置いてみてください。きっとすぐに効果が現れるでしょう。また、この上に飲み物や食べ物を5〜10分ほど置くと、食欲が適度に抑えられ、体が変化することを実感できるかもしれません。

KUSURIE *06* フェアリーの食卓

やせやすい体を作る
クスリ絵

KUSURIE
07

グリーンスコープ

- 気持ちが晴れる
- 腸内環境を改善
- 体が軽くなる

やせ体質になる

おなかの調子をよくして、人を元気にする力をもつクスリ絵です。腸内細菌の働きを活性化させるので、便秘や下痢を繰り返す人に効果があります。絵柄を外側にしておなかに当ててみてください。また、おへそと胃の間に当てて、人差し指をおへそに軽く入れてみてください。体が温かくなり、やせやすい体質になるでしょう。

KUSURIE *07* グリーンスコープ

やせやすい体を作る
クスリ絵

KUSURIE
08

グリーンウォーキング

- 運動能力が上がる
- やる気が出る
- 物事に集中できる

運動のモチベーションアップ

まるで森に出かけるようなデザインが特徴的。神聖幾何学を基に作られているので、どんなモチベーションも向上させます。特に運動のモチベーションアップに最適。走る・泳ぐなど体を動かす前に絵柄を数分間眺めながら、ゆっくりと深呼吸をします。集中力が上がるため、いい成果を残せたり思いどおりのパフォーマンスができたりします。

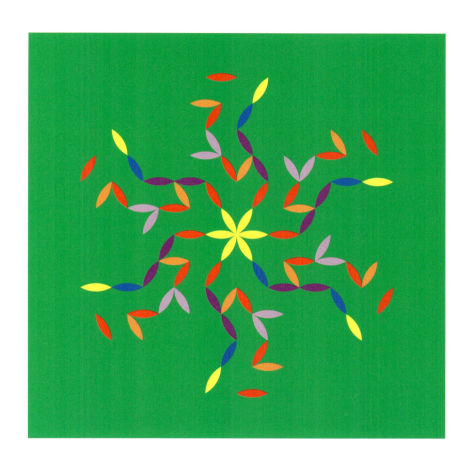

やせやすい体を作る
クスリ絵

KUSURIE
09

菊の紋章

- エネルギーを強化
- 体がポカポカする
- 睡眠の質が上がる

代謝ホルモンの活性化

自分の顕在意識や潜在意識がもつ光をより一層輝かせます。近くに飾っているだけで心が明るくなり、自分の周りの状況もよくなってきます。この絵柄には、松果体（しょうかたい）、視床下部、脳下垂体に働きかけて、全身の代謝ホルモンを活性化させる作用があります。絵柄を外側にして、額の真ん中に貼って寝ると目覚めがスッキリします。

KUSURIE *09* **菊の紋章**

やせやすい体を作る
クスリ絵

KUSURIE
10

カオス

- 軽やかな体づくり
- 体がいうことを聞く
- モチベーション向上

脂肪燃焼効果が期待できる

やせるためにいろいろやってもうまくいかない状況から抜け出したいときに使うと効果大。このクスリ絵の裏面に「○○（部位）の脂肪が燃焼しました」と過去形で書きます。そして、運動前にこのカードに向かって「私の○○（部位）の脂肪はすでに燃焼しました」と口に出して言うと、自分の燃焼させたい脂肪に願いが届きます。

KUSURIE *10* **カオス**

全身がやせる
クスリ絵

KUSURIE
11

FOL. αφωA

- 血行がよくなる
- 冷え性改善
- リラックス効果

リンパの流れがスムーズに

緑は調和、青は奇跡、赤は愛、黄色は慈悲の意味をもちます。青赤黄3色のαφωの形は、滞りのない滑らかな流れを表します。そのため、この絵柄のエネルギーは上半身と下半身のリンパの流れをよくします。背中の中心の背骨のあたりに、服やシャツ、肌着の上から、絵柄が外側に向くように貼って使うといいでしょう。

全身がやせる
クスリ絵

KUSURIE
12

スレンダークイーン

- 便秘を改善
- 胃のむかつきに効果
- 内臓が温まる

消化吸収力がアップ

おなかの調子とリズムを整え、スリムになるようサポートするクスリ絵。おへその上あたりに、シャツの上からでもいいので絵柄を外側にして貼ってみてください。そして、両手の人差し指を上向きに立て、3分間じっと何も考えずにいてください。おなかが動くのを感じて、グ〜ッと鳴る人もいます。消化運動が行われている証拠です。

KUSURIE *12* スレンダークイーン

全身がやせる
クスリ絵

KUSURIE
13

オー・マイ・マジック

- 運動能力向上
- よい結果が出る
- ポジティブ思考

体が喜び、軽くなる

人は光でできていますが、その光がより輝き、活動的になるのがこの絵柄。体が喜び光が放たれ、細胞に伝達するため体も軽くなったと感じるでしょう。心が前や外に向くようになるため、仕事や恋愛、研究、スポーツの分野で突き抜けたい人におすすめです。絵柄の中心にその分野、または願望を書いておくと効果的。

KUSURIE *13* オー・マイ・マジック

全身がやせる
クスリ絵

KUSURIE
14

デトックスフラワー

- 肌がきれいになる
- 疲労回復に◎
- 内臓をケア

体内デトックス効果

絵柄の白い隙間から、体や心の不要な老廃物が抜け出ていくデザインが特徴。じーっと見ていると、頭も心も、そして体もリフレッシュできるでしょう。肌着の上からおなかや胸に当てると、呼吸がラクになり、排便・排尿がうまくいくでしょう。同時に、絵柄の上にたっぷり水が入ったコップを置いて、しばらくしてから飲むのもおすすめです。

KUSURIE *14* デトックスフラワー

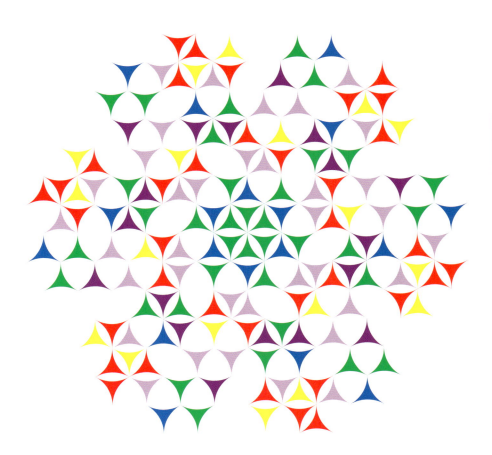

全身がやせる
クスリ絵

KUSURIE
15

湧水(ゆうすい)

- 解毒・排毒効果
- プチうつを緩和
- 腎臓の冷えを改善

全身のむくみをなくす

元気や生命エネルギーが湧き出るようなパワーをもちます。血流が促され、むくみが原因の"むくみ太り"を解決。疲れやすい、気分が落ち込む、やる気が出ないという人は、数分この絵柄を眺めてみましょう。緊張がほぐされ、心がふっと軽くなっていきます。また、膀胱(ぼうこう)や腎臓のあたりに、絵柄を外側に向けて当てるのもよいでしょう。

KUSURIE *15* 湧水

全身がやせる
クスリ絵

KUSURIE
16

クールマッスル

- 肩コリを緩和
- 精神が落ち着く
- 疲れた体を労わる

筋肉を緩める

背景の青色は気持ちをクールダウンさせ、イライラやストレスに強くなります。絵柄は人間の筋肉、骨格などを表し、筋肉を緩める、体の傷を修復するなどのサポートをしてくれます。首筋、両肩甲骨、みぞおちなどに当てると、少し温かくなって筋肉が緩むのがわかるでしょう。目の上に当てると、眼精疲労の解消にも効果的です。

KUSURIE *16* クールマッスル

全身がやせる
クスリ絵

KUSURIE 17

カタカムナダブルリボン(正負)

- むくみ・しびれ軽減
- 運動能力アップ
- 正しい姿勢を維持

リンパが巡り体質変化

カタカムナとは「循環」を意味します。カタカムナ文字自体に治療効果があり、特別な配列と配色で作ったのがこのクスリ絵です。絵柄を外側に向けて背骨に貼ると、骨の歪みがとれて神経や血液、リンパの流れがよくなります。筋力や運動能力もアップし、いろいろな悩みや不調に万能の効果が期待できます。

カタカムナダブルリボン（正）　　カタカムナダブルリボン（負）

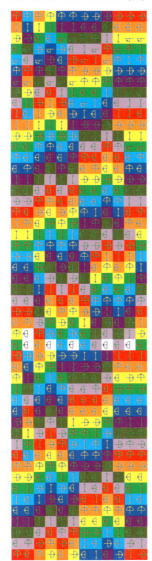

全身がやせる
クスリ絵

KUSURIE
18

メタトロン

- 肺循環を強化
- 関節の可動域を広げる
- 美しい筋肉がつく

関節の動きがよくなる

神聖幾何学を基に作られたデザイン。形あるもののすべてを創造する天使・メタトロンのパワーを秘めた絵柄です。深い呼吸で気持ちを落ち着かせ、呼吸や肺、息に関する問題を解決に導いてくれます。その結果、関節や筋肉の働きがよくなります。また、背景の青色は筋肉に作用し、関節の動きを円滑にします。

全身がやせる
クスリ絵

KUSURIE
19

セブン・ホーリー・ドッグ

- 腎機能の向上
- むくみ改善
- 霊的能力の開花

体内の余分な水分を排出

水を表す青と白は、水分代謝を活発にしてくれる色です。この絵柄をみぞおちや腎臓あたりに当てると、むくみがとれて体がスッキリと軽くなるでしょう。また、精神面の働きとしては、あなたを守ってくれる潜在意識、守護霊、指導霊との結びつきをよくします。あなたに必要なインスピレーションが届けられるでしょう。

KUSURIE *19* セブン・ホーリー・ドッグ

全身がやせる
クスリ絵

KUSURIE 20

フラグメント

- 体の歪みを解消
- 物事をつなぎ合わせる
- 腰痛を緩和

運動能力が上がる

運動にまつわる様々な組織や臓器をまとめてコントロールしてくれるデザイン。肩甲骨の間に貼ると、体幹がよくなり骨盤を鍛えられます。また、バラバラに見える事柄をつなぎ合わせて、一つにするパワーをもちます。組織やグループを作るときに、絵柄の真ん中に組織名やグループ名を書くと結束します。

全身がやせる
クスリ絵

KUSURIE
21

スーパーレッド

- 運動能力向上
- 体脂肪率ダウン
- 冷え性・低血圧を改善

脂肪燃焼効果で代謝アップ

赤は燃焼を促進させる色で、特に運動には闘争心を与えてくれるため効果的です。形は神聖幾何学から、脂肪を燃焼させる効果を抽出したもの。これらの組み合わせは脂肪細胞に働きかけ、代謝アップを促します。深呼吸しながら両手の人差し指の先を胸の前で合わせてこれを眺めていると、体がポカポカしてくるかもしれません。

KUSURIE *21* スーパーレッド

| おなかがやせる クスリ絵 |

KUSURIE
22

エンジェルフォース

- みぞおちのつまり解消
- 皮膚の悩み改善
- 耳鳴りやめまいを抑える

全身の体調がよくなる

『旧約聖書』の「ノアの箱舟」で有名な主人公ノアのパワーがクスリ絵に宿り、見る人にも同じパワーを与えてくれます。内臓不調を改善し、おなか周りをキュッと引き締めます。全身の体調を整えてくれる効果も高く、とりわけ皮膚や耳に効きます。また、この絵柄のピンク色は人間関係をよくするため、恋愛運や家庭運も向上するでしょう。

おなかがやせる
クスリ絵

KUSURIE
23

エメラルドフラッシュ

- 気分転換
- ストレスを取り除く
- 運動能力の向上

胃腸が働き、内臓脂肪ダウン

ペパーミントのような爽やかな色は、ストレスを取り除き、胃の働きをよくしてくれます。心をウキウキさせてくれるこのクスリ絵を持っていると、人に好かれ、多くの助けを受けられるでしょう。やる気が向上するため運動も楽しくなります。ストレスが原因で起こる様々な問題、人間関係、体の不調を治してくれます。

KUSURIE *23* エメラルドフラッシュ

おなかがやせる
クスリ絵

スノーパレス

- 排便を促す
- 宇宙と交信する
- 巡りやすい体に

便秘のぽっこりおなかを改善

このクスリ絵の全体から間欠的に「タターン、タターン」というリズムでパルス（波動）が出ています。このパルスがおなかの動きを整え、便秘を改善し、おなか周りの張りを解消します。また、中心の円の中に自分の願い事を書くと、叶う確率が高くなります。宇宙にパルスを発信してくれるため、自分の願いを引き寄せることができます。

KUSURIE *24* スノーパレス

おなかがやせる
クスリ絵

キューピット

- 消化吸収力を高める
- 腸内環境を整える
- 人間関係の調和

憧れの腸美人になれる

黄色は消化機能を促進し、腸の肥大化を抑制します。食事をコントロールするのに適した配色です。緑は調和を表し、腸の状態を最もよい状態にします。また、人間関係を円滑にする効果も。このクスリ絵の上に親しくなりたい相手の名前を書いてください。友だちから始まり、恋愛または心許せる親友へと発展するかもしれません。

KUSURIE *25* キューピット

おなかがやせる
クスリ絵

KUSURIE
26

決心

- 肩甲骨の歪みを改善
- 肺機能の強化
- 決心を後押し

ぽっこりおなかが凹(へこ)む

絵柄を肩甲骨の間に貼ると、筋肉が緩みます。呼吸がスムーズになり、腹式呼吸が活発になるため、おなかが凹みます。また、決心を確固たるものにするサポートもします。何かをするとき、始めるとき、またやめるときに人は決心をします。そして、このクスリ絵に決心の内容を書いて手を置くと、決心したことがうまくいくでしょう。

KUSURIE
26
決心

美脚になる
クスリ絵

KUSURIE
27

仮面

- 下半身の血流が巡る
- 筋肉の緩和
- 直感力を磨く

脚の長さが整う

赤とオレンジの配色は、血流の改善を促し、筋肉のコリや痛みをとります。その結果、体のバランスがよくなり、左右の脚の長さが整います。絵柄を外側にして腰に貼るといいでしょう。また、隠し事や秘密を見破る力も養います。商談などの大事な取引をするときに、中心に見破りたい内容を書いて何度も読み直してみましょう。

KUSURIE *27* 仮面

美脚になる
クスリ絵

KUSURIE
28

ドラゴンボールブルー

- 脚力強化
- むくみを抑える
- 幸運を運ぶ

歩くのがラクになる

足腰を強くしてウォーキング効果を上げます。肌着の上からおへその上あたりに当てると、土（地面）をつかむ足の指の力が強くなるので、運気をつかむ力も抜群にアップします。運をがっちりとつかんで離さない、頼もしいクスリ絵です。仕事運、恋愛運、健康運など様々な幸運をもたらすので、目につく場所に飾るといいでしょう。

KUSURIE *28* ドラゴンボールブルー

美脚になる
クスリ絵

KUSURIE
29

ランランラン

- 自律神経を整える
- ストレス解消
- 太ももが細くなる

筋持久力がつく

神聖幾何学を基にして作られているので、心身のバランスを整え、不調を取り除きます。この色の組み合わせは神経、筋、血液の流れを最適な状態に調整し、ランニングに必要な筋力を強化させます。新陳代謝も促進され、ダイエット効果も期待できます。肌着やシャツの上から、絵柄を外側に向けて胸の中央に当てるといいでしょう。

KUSURIE *29* **ランランラン**

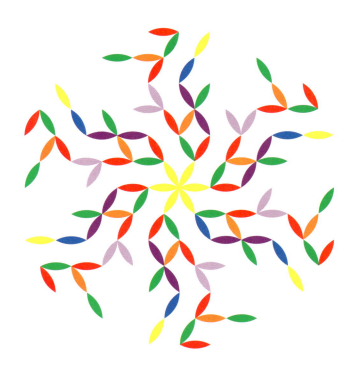

| 美脚になる
クスリ絵 |

KUSURIE
30

ミロク

- 集中力が高まる
- 脚の痛みが改善
- 悩み・問題解決

脚力アップに効果

この絵柄を眺めたあと、瞑想（めいそう）またはマインドフルネスに入ってみてください。目を閉じてリラックスし、3分間ほど静かにじーっとしましょう。その後、運動をすると、脚力がアップしていることに驚くでしょう。また心の内に、不安を取り除く弥勒菩薩（みろくぼさつ）が現れるかもしれません。何か問題を抱えている人は冷静さを取り戻すことができます。

KUSURIE *30* ミロク

二の腕・背中がやせる
クスリ絵

KUSURIE
31

リンゴ

> 冷え性を改善
>
> 血流を促進
>
> 夢の実現に導く

太ももや二の腕の
セルライト軽減

この絵柄を太ももや二の腕に肌着の上から当てると、ほんのりとした温かさを感じるでしょう。冷え固まったセルライトが軽減しているサインです。もう一つの使い方は、思い描く夢を絵柄の中心に書いてみましょう。リンゴの木に実がなるように、あなたが思い描いた夢もゆっくりと実っていきます。

KUSURIE
31
リンゴ

二の腕・背中がやせる
クスリ絵

KUSURIE
32

メリーゴーランド

- 体の疲れをとる
- 肩コリを改善
- 気の流れをよくする

背中・腰周りのハミ肉撃退

この絵柄は9色の長方形の組み合わせで、線を描いているように見えるのが特徴的です。色の配列が、筋肉を緩め、リンパの滞りをなくすので、体内の気・血・水を循環させます。渦巻きの部分を左手の人差し指で自由になぞっていくだけでも体内循環を促し、心身の痛みを軽減する効果があります。寝室に飾ると疲労が改善されます。

COLUMN 01

アファメーションをしましょう

自分の思いやエゴは排除して、単純に願いや夢が叶った自分を想像して心の中でそれを唱えてください。感謝の気持ちをもつと、心が整って愛情がさらに溢れてくるでしょう。

アファメーションとは、自分に対する肯定的なことを心の中で唱えることです。好きなクスリ絵のページを開いて、まずは何も考えないで左右の人差し指を上に向けて立ててください。この上向きに立てた人差し指がアンテナとなり体に強いエネルギーが吸収されます。エネルギーが体に入ってきたと感じたら、すでに願いや夢が叶った過去形で「〇〇〇〇〇がよくなりました。ありがとうございました」と心の中で唱えてみてください。この集めたエネルギーは体の外側の見えない"空間"に供給されて心身に気が巡るため、やせやすい体質になったり、不調が改善されたりと体に様々な変化をもたらしてくれるのです。

イラスト：サキザキ ナリ

第2章

メンタルを整えて内面から美しくなる

メンタルに寄り添う
クスリ絵

KUSURIE
33

光のコイン

- 感情をコントロール
- 負のエネルギーを除去
- 胃腸がスッキリ

ストレスを軽減

心を穏やかにする絵柄で、イライラしている人や怒りっぽい人に贈るのも最適。この絵柄の上に、ストレスとなっている原因を書き、最後に「このストレスを起こしている原因はすでになくなりました」と過去形で書きます。すると、善なる存在が傍(そば)に来てあなたを守ってくれます。子どもに持たせてあげるのも効果的です。

KUSURIE *33* 光のコイン

メンタルに寄り添う
クスリ絵

KUSURIE
34

ダンシングホワイト

- 心を落ち着かせる
- 自律神経の乱れを正常化
- 人間関係の調和

緊張をやわらげる

緑は癒やしの色で、見ているだけで緊張がほぐれます。別の作用としては、大勢でワイワイガヤガヤ、パーティーやミーティング、展示会、催し物をするときに、計画や物事がすんなりと運ぶ効果ももちます。賑やかな場所を好む絵柄で、気がつくと会場にたくさんの見えないサポートがやってきます。

KUSURIE *34* ダンシングホワイト

メンタルに寄り添う
クスリ絵

KUSURIE
35

涅槃(ねはん)

- めまいをなくす
- 快適な睡眠
- 穏やかな心になる

肩コリを改善し、ぐっすり眠れる

頭の中が心配事や雑事、他人のことでいっぱいになってのぼせたり、イライラするときは交感神経が働いている証拠。気分転換にティータイムをとりながらこの絵柄を眺めるとリラックスできます。眠れない人や肩コリのある人は、このクスリ絵を枕カバーの中に入れてみてください。眠りの質が上がり、朝起きると肩コリが消えているでしょう。

KUSURIE
35
涅槃

メンタルに寄り添う
クスリ絵

KUSURIE
36

オレンジピール

- 積極的になる
- 肌や髪にツヤが出る
- 円滑に物事が進む

体全体の不調を改善

オレンジは太陽の色であり、輝きをもたらす色です。そのためこの絵柄は、心や体、仕事などのバランスをうまくとってくれる作用があります。心が輝きを増すので、体は正常に働き、仕事なども順調になっていきます。胸に絵柄を当てると心にエネルギーが満ち溢れ、あなたの見た目も美しくなり、自信や勇気が出てきます。

KUSURIE *36* オレンジピール

メンタルに寄り添う
クスリ絵

KUSURIE
37

ブレインスター

- 判断力が上がる
- 胃の機能が向上
- 質のよい睡眠

ストレス時の胃痛のケア

頭痛、頭重感、集中力がない、不安、頭がぼーっとするなど、頭に関する不調を解決します。頭がスッキリし、冷静に物事を見ることができるようになるので、失敗が少なくなります。引っかかっていた悩み事も答えが見えてくるでしょう。絵柄の縁の青色は胃の鎮静作用、中心の赤色は胃の血流改善作用があり、胃痛も緩和させます。

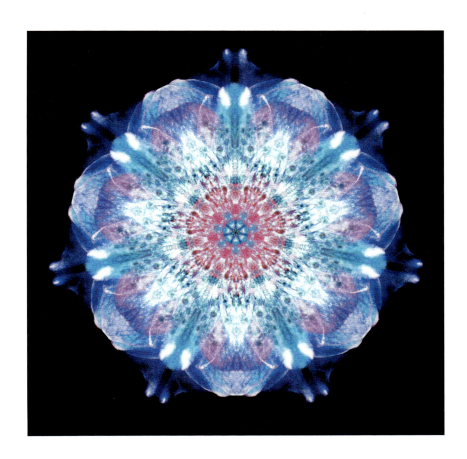

KUSURIE *37* ブレインスター

> メンタルに寄り添う
> クスリ絵

KUSURIE 38

ブルーフレア

- ポジティブ精神
- 他人から愛をもらえる
- 視力回復

人間関係を円滑にする

自分のオーラが拡張し、生命エネルギー（気）を周囲から得やすくします。また、あなたの心の光が輝きを増すため、多くの人があなたに会いに来るでしょう。目のコンディションをよくし、物事を正しく見ることを可能にします。人間関係を向上させるのに適したクスリ絵です。絵柄の上に自分の小物を置くといいでしょう。

KUSURIE *38* ブルーフレア

メンタルに寄り添う
クスリ絵

KUSURIE
39

ディフェンダー

- 憂（ゆう）うつな気持ちを排除
- 問題解決
- 精神力を鍛える

ストレス社会から守ってくれる

このクスリ絵の格子状の構造があなたを守る役目をします。面倒なこと、嫌なことがすばやく解決できるようになるでしょう。絵柄の中心や裏側に解決してほしい問題や人間関係を具体的に書くと、問題が解決するようサポートしてくれます。スマホや携帯電話で撮影したものを持ち歩くと、さらに効果がアップします。

KUSURIE *39* ディフェンダー

メンタルに寄り添う
クスリ絵

KUSURIE
40

リース

- 自律神経が整う
- 脳が冴える
- 金運・仕事運が向上

睡眠の質を高める

絵柄を上にして、枕元や枕カバーの下に置くと、ぐっすりと眠れるようになります。そのほか、自分の立場を確固としたものにしたいときに手助けしてくれます。思わぬ出世や給料アップが期待できます。絵柄の中心に、すでに願いが叶ったように過去形で書いてみましょう。感謝の気持ちがあると、さらに願いを引き寄せやすくします。

KUSURIE *40* リース

メンタルに寄り添う
クスリ絵

KUSURIE
41

シーザー

- 脳がクリアになる
- モチベーションアップ
- 勉強・仕事が捗（はかど）る

集中力を維持する

絵柄の中心に意識を集中します。何も考えずに、目をカメラレンズのようにして中心を見ると、集中力を高めることができます。さらに、勝利や栄光への足掛かりを作ってくれるクスリ絵でもあります。中心に自分の願望がすでに叶った形で書きましょう。インスピレーションをもたらし、思わぬひらめきが成功の道を開くでしょう。

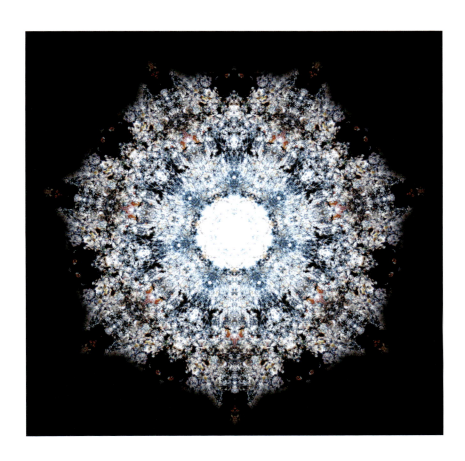

KUSURIE *41* シーザー

メンタルに寄り添う
クスリ絵

KUSURIE
42

ブルースプリングス

- ブルーな気分から脱却
- 神経を刺激する
- 恐怖心がなくなる

集中力がアップして仕事が効率化

集中力を高める働きや、心を明るくする力をもちます。学習やスポーツなどの物事に真剣に取り組むシーンに適したクスリ絵です。絵柄の中心に効率化したい物事の内容を書きます。そして、何も考えずにクスリ絵全体を1〜2分間眺めてください。そのあと、その物事に取り掛かると驚くほどのパフォーマンスが発揮できます。

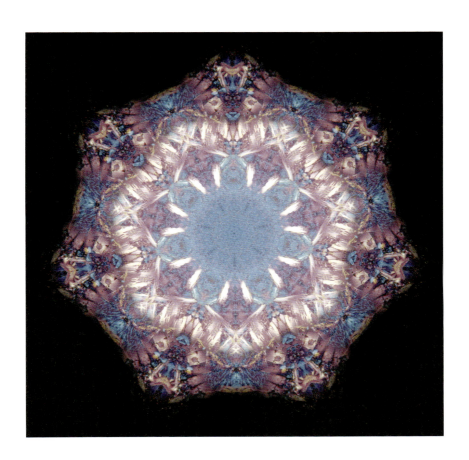

KUSURIE *42* ブルースプリングス

なりたい自分に出会える
クスリ絵

KUSURIE
43

見つけた

- 自信がつく
- 大切なものに気づく
- 肌が艶やかになる

自分の内面の魅力を引き出す

青い水面から、自分の内面的な魅力が浮き上がってくるように、心の中でイメージをしてみてください。自分にとって、最も大切なものが何か気づかせてくれることでしょう。それに気づくことができたら、絵柄の真ん中にその内容を書いてください。お守りのように、見えるところに飾ったり持ち歩くとよいでしょう。

KUSURIE *43* 見つけた

なりたい自分に出会える
クスリ絵

KUSURIE
44

コノハナノサクヤヒメ

- 愛情が受け取れる
- 夢が叶う
- ポジティブになる

夢の実現をサポート

心の中に花が咲くように、自分自身をはじめ、家族、パートナーからの愛情を感じられ、心がたっぷり満たされるクスリ絵です。持ち歩くと効果がさらにアップするので、スマホや携帯電話のカメラで撮影して身につけましょう。絵柄の中心に、夢が実現したときの自分の様子をできるだけリアルに書いてみると、夢を引き寄せられます。

KUSURIE *44* コノハナノサクヤヒメ

なりたい自分に出会える
クスリ絵

KUSURIE
45

サーカス

- 頭や気持ちをリセット
- 発想が豊かになる
- ネガティブ思考を払拭

アイディアがひらめく

レモン色と空をイメージした水色の絵柄をじーっと眺めていると頭がリフレッシュされるので、奇想天外なアイディアや、発明・ストーリーを思いつきます。芸術家や漫画家、発明家、小説家を目指す人に向いています。霊障やマイナスエネルギーなど、負の要素を弾くので、悩みや問題も解決に導いてくれます。

KUSURIE *45* サーカス

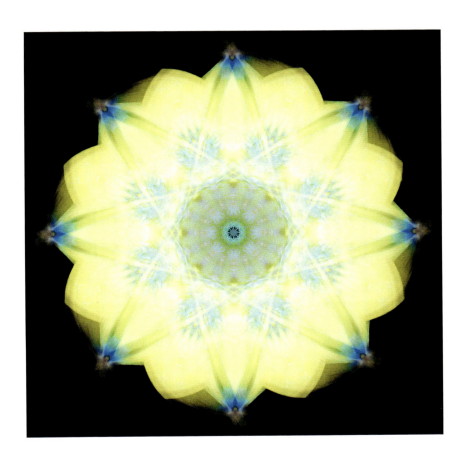

なりたい自分に出会える
クスリ絵

KUSURIE
46

もてもて

- 内なる魂が目覚める
- 会話力が上がる
- 個性を発揮

コミュニケーションが円滑に

この絵柄を眺めると、あなたの魅力が引き出されるので、モテ期が到来するかもしれません。性別を問わずに、たくさんの人と語らいの場をもってみることをおすすめします。また、いろいろな場所に出向くことも吉です。きっと運命的な出会いがあるでしょう。このクスリ絵を持ち歩くと、コミュニケーションが円滑になります。

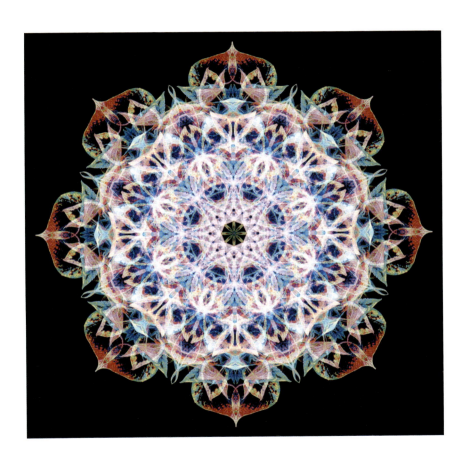

なりたい自分に出会える
クスリ絵

KUSURIE
47

アラビアンス

- ストレスを緩和
- 心肺機能が向上
- リフレッシュ効果

体も心も浄化

「ちょっと疲れたな」「自分を変えたい」などと感じたら、この絵柄を自分の心だと思って、眺めてください。すると、心に学びと教えが次々と湧いてきて、自分自身が成長したような感覚になります。あなたの心の中に明るい光が生まれ始めます。その結果、体も心も浄化されて、新しい自分に出会えることでしょう。

KUSURIE *47* アラビアンス

なりたい自分に出会える
クスリ絵

KUSURIE
48

プリズム

- 金運がアップ
- 感覚を研ぎ澄ます
- 人に好かれる

臨時収入など金運に恵まれる

鮮やかな色彩で中央部分が輝きを放つように見えるこのクスリ絵は、まさに金運・財運アップのエネルギーそのものです。スマホや携帯電話のカメラで撮影して、持ち歩くとよいでしょう。また、物事の見方を変えることができて視野が広がります。思わぬ発見や発明、人との有益な交流ができるようになるでしょう。

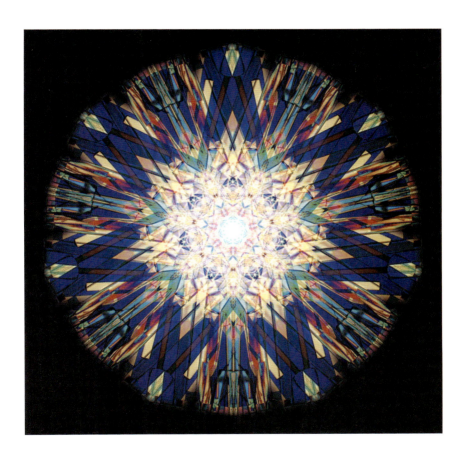

KUSURIE *48* プリズム

なりたい自分に出会える
クスリ絵

KUSURIE
49

光のダルマー

- 気の流れをよくする
- 喉のつまりを解消
- 潜在意識を鍛える

感情をいい波動に変換

自分の本質は心、意識だと知ることはとても大切です。潜在意識レベルで、その気づきを奇跡的に与えてくれるこのクスリ絵は、絶望を希望に変え、そして希望を現実化します。悪いエネルギーなどを弾き、感情をいい波動に変えてくれる働きをもっています。絵柄に手を当てると、じんわり温かくなるでしょう。

KUSURIE *49* 光のダルマー

なりたい自分に出会える
クスリ絵

KUSURIE
50

インディアンウルフ

- 邪気から身を守る
- 災難回避
- 心のざわつきを鎮静

負のエネルギーを取り除く

自分にとって不快な人や出来事から強力にガードしてくれます。絵柄の真ん中に不快だと思うことを書いて、「解決しました」と毎日声に出して言うと、高い確率で解決します。できるだけ自分が頻繁に目にする場所に飾っておき、気づいたときに両手を合わせ「おかげさまで解決しました」と心を込めて言いましょう。

KUSURIE *50* インディアンウルフ

| なりたい自分に出会える クスリ絵 |

KUSURIE
51

レディースタート

- 仕事の効率化
- 心の迷いが消える
- 首や肩のコリが改善

決断力を与えてくれる

配色の白と青は、まるで空とそこに浮かぶ雲のようです。心の中が整理され、何をすればいいのかに気づき、トントン拍子に物事を進めてくれるクスリ絵です。モヤモヤとしてはっきりしない物事や人間関係がスッキリします。仕事場に置いておくと、仕事運が上がります。スマホや携帯電話の待ち受け画像にしてもいいでしょう。

KUSURIE *51* レディースタート

なりたい自分に出会える
クスリ絵

KUSURIE
52

光、咲く

- 脳の活性化
- 開運を導く
- 清らかな心になる

人生の光を示す

人は光からできています。自分の内側にある光を、外側である周りに放射することで、自分の思いや考え、作品、アイディアがどんどん人に理解され、受け入れられるようになるクスリ絵です。芸能、芸術、仕事、学問、人間関係などの開運に有効。額に入れて、自分のデスクに飾ってみるのもおすすめです。

KUSURIE *52* 光、咲く

なりたい自分に出会える
クスリ絵

KUSURIE
53

天空の泉

- 心の調和
- ネガティブを排除
- 気持ちが落ち着く

ネガティブな感情を取り除く

絵柄の配色の空色や青、黒色は「天空の泉の水」を表します。その泉の水の中に自分自身が浸るイメージをしてみてください。心や体に溜まった嫌な思いや負のエネルギーがスーッと消え去ります。自分の部屋の棚や仕事場の自分のデスクの中に入れて、ネガティブな感情が出たときにこのクスリ絵を眺めると効果的です。

KUSURIE 53 天空の泉

なりたい自分に出会える
クスリ絵

KUSURIE
54

光の誕生

- 新しい能力を開花
- 天性を知る
- 運気が上昇する

DNAに働きかけて能力向上

自分が生まれもっている光を輝かせるパワーがあるクスリ絵。天命や使命に気づくことができ、あらゆる問題を解決する力をもちます。あなたの心にこのクスリ絵を思い描いてみてください。赤と黄色はDNAに働きかけ、そのDNAの能力をアップさせます。眉間に当てると、新たな能力が開花されるかもしれません。

KUSURIE *54* 光の誕生

なりたい自分に出会える
クスリ絵

KUSURIE
55

心の門番

- 心の平穏
- 痛みをケア
- 心身が休まる

瞑想(めいそう)と同じ効果を得られる

自分の心と向き合う前に、このクスリ絵を眺めると、より正しく見つめることができるでしょう。また、他人からの批判や誹謗(ひぼう)中傷、怒りなどから、あなたを守ります。ピンク色は、心が過度に傷つかないように保護してくれ、あなたを包み込むように癒やしてくれます。また、中央の模様は、心のバランスをとってくれます。

KUSURIE 55 心の門番

なりたい自分に出会える
クスリ絵

KUSURIE
56

ホーリーアタック

- 負の感情を払拭
- 新しい風を吹き込む
- 自分自身がわかる

気持ちを冷静に導く

中央にある花のような形をした絵柄は基盤を表し、自分の中の悪意、人に対する妬み嫉みを消し去る効果があります。青色は精神を鎮静化させ、白色は純粋を意味するので、見るだけで癒やされるでしょう。気持ちを冷静に導くサポートをして、気の流れを向上させます。本当の自分に出会うために、このクスリ絵を毎日眺めましょう。

KUSURIE 56 ホーリーアタック

COLUMN 02

チャクラと色の不思議

人間の肉体にある霊体エネルギーのセンターを表したのがチャクラです。人間の生命や精神などのエネルギーの働きを司り、体の内側と外側に循環させるパワーがあります。虹のような7色のオーラと色の意味の理解を深めましょう。

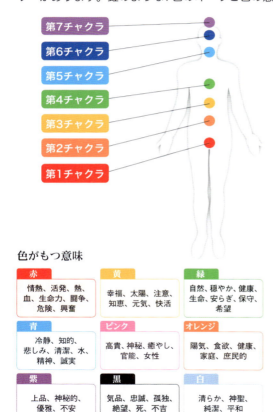

現実力
高次元とつながり、人生の目的や指針を描く

直感力
スピリチュアルな精神力や第六感が強くなる

表現力
インスピレーションが高まり、コミュニケーション能力も上がる

愛情
真心が溢れ出し、家族やパートナーなどとよい人間関係を築く

感情
自信がみなぎり、自分の能力が発揮される

創造力
自分の力で人生を開拓して、忍耐力や集中力を鍛える

生命力
地に足をつけ、人生の基盤を築いて現実を生きる

色がもつ意味

赤	黄	緑
情熱、活発、熱、血、生命力、闘争、危険、興奮	幸福、太陽、注意、知恵、元気、快活	自然、穏やか、健康、生命、安らぎ、保守、希望

青	ピンク	オレンジ
冷静、知的、悲しみ、清潔、水、精神、誠実	高貴、神秘、癒やし、官能、女性	陽気、食欲、健康、家庭、庶民的

紫	黒	白
上品、神秘的、優雅、不安	気品、忠誠、孤独、絶望、死、不吉	清らか、神聖、純潔、平和

色彩療法をイメージして色を取り入れたのがクスリ絵です。人間のセンターにあるチャクラと色がもつパワーの両方がわかると、スムーズに体の気の流れである経絡に働きかけることができます。

第3章

女性の悩みを解決して美しくなる

美しくなる
クスリ絵

KUSURIE
57

トゥインクル

- 代謝が上がる
- 肌が明るくなる
- 前向き思考

老化を防ぐ

絵柄のデザインは明るく美しく、まるで万華鏡のようです。たくさんの楽しいこと、嬉しいことが自分の前に現れる、魔法のようなパワーをもつクスリ絵です。小さな結晶構造をしたエネルギーが美肌やアンチエイジングに効果的。絵柄を外側にして左胸あたりに当ててみてください。気持ちから若返ることでしょう。

KUSURIE 57 **トゥインクル**

美しくなる
クスリ絵

KUSURIE
58

魂

- 老いを予防
- 魂とつながる
- 睡眠の質が向上

老化現象から守る

目に見える体は老化しても、心は一生老いることはありません。もちろん魂も老いることはありません。自分の魂とつながることができるこのクスリ絵は、老化現象から心身ともに守ってくれます。絵柄の中心に、自分の思いや願望をなんでもいいので、素直に書いてください。魂が反応して、よい波動のバリアを放出します。

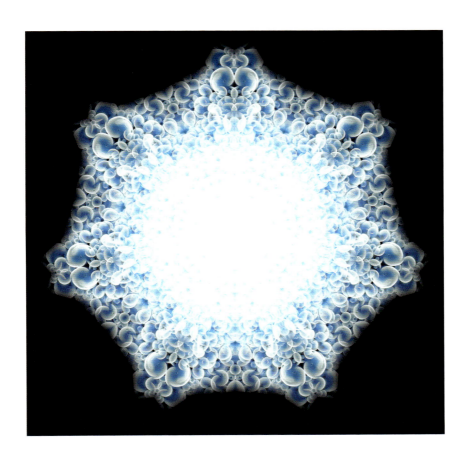

美しくなる
クスリ絵

KUSURIE
59

ライトパープル

- 美肌を引き寄せる
- 思考の整理
- 寛大な愛情

シミもシワも軽減して若返る

紫は内側の見えない世界と外側の見える世界の橋渡しをする色で、世界の安定を表します。絵柄を眺めると皮膚のターンオーバーが促進されるため、皮膚のアンチエイジングを手助けします。カラフルな絵柄のデザインは、皮膚の細胞を活性化させるパワーをもちます。直接皮膚に当ててみると、ほんのり温かくなるでしょう。

美しくなる
クスリ絵

KUSURIE
60

グリーンボール

- 疲労回復効果
- 見た目が若々しくなる
- 願望が叶う

アンチエイジングの味方

老化現象を予防して、アンチエイジング効果が向上するパワーをもつクスリ絵。自分がどんなアンチエイジングを望んでいるのかを明確にして、絵柄の上に書いてください。願いが叶うコツは、本当になりたい未来の自分の姿を具体的に想像して書くことです。絵柄を眺めながらスキンケアをすると、美容アイテムの吸収力が高まります。

KUSURIE *60* グリーンボール

美しくなる
クスリ絵

KUSURIE
61

ブルークルノス

- やせやすい体質に
- 更年期うつの緩和
- ストレス解消

ホルモンバランスの向上

配色のシルバーは頭頂部付近のオーラの色を表し、青は脳下垂体付近のオーラの色を表します。この２つの色はホルモンバランスを整える効果があり、ダイエットのベストタイミングを作ることができます。また、この２色はストレスに対応する力ももちます。更年期のうつ症状をやわらげる効果が期待できるでしょう。

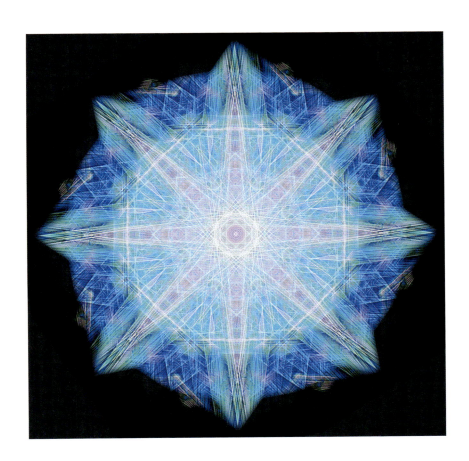

KUSURIE *61* ブルークルノス

子宮・膀胱を労わる
クスリ絵

KUSURIE
62

レモンシード

- マイナス思考を除去
- 月経前の不調が改善
- 心がやすらぐ

月経前の不調やイライラを緩和

月経前のイライラは精神的につらいものです。黄色はレモンのような爽やかなエネルギーがあり、ネガティブなエネルギーを取り除く効果があります。絵柄の中心を眺め、「ここに自分がいるんだ」と想像してみると、気持ちが晴れてくるでしょう。木の葉のような絵柄を指でなぞると不快感がなくなるかもしれません。

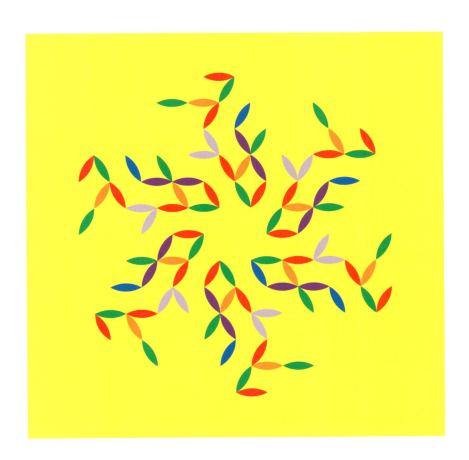

子宮・膀胱を労わる
　　クスリ絵

KUSURIE
63

レッドクロス

- パワーチャージ
- 冷え性改善
- 胃腸機能を向上

月経痛を緩和する

生命エネルギーを心と体に供給してくれるクスリ絵。この絵を眺めていると、みなぎる力が自分の中に湧き出るのを感じるでしょう。冷え性の人は1日1回絵柄を外側に向けておなかや胸、腰周りに当ててみてください。月経痛がひどい人は、絵柄を自分の下腹部か足首の三陰交（さんいんこう）というツボに当ててみると、痛みやだるさがやわらぎます。

KUSURIE *63* レッドクロス

子宮・膀胱を労わる
クスリ絵

KUSURIE

64

パープルツリー

- 血流促進
- 冷えやむくみをとる
- 骨盤周りをケア

月経中の腰痛を改善

腰痛の原因にもなる月経のうっ血した血液の色は、赤よりも紫に近くなります。このクスリ絵は、うっ血した血液を正常な状態に戻すことを手助けします。足首の内側にある三陰交という腰や足首の冷えに効くツボに当てておくと効果的。今にも動き出しそうなデザインには、血流の動きを活発にする作用があります。

KUSURIE *64* パープルツリー

子宮・膀胱を労わる
クスリ絵

KUSURIE
65

オレンジーズ

- 腸腰筋を緩める
- リラックス効果
- 穏やかな感情

子宮を温める

このクスリ絵は月経の周期や基礎体温を正常化させる働きがある図形を神聖幾何学から創造したものです。背景のオレンジ色は体を温める効果があります。中央にある6枚の葉のような緑色のモチーフは、子宮全体の調和を保つ作用をもちます。下腹部を守るように絵柄を外側にして腹巻きや下着の中に入れておいてもよいでしょう。

子宮・膀胱を労わる
クスリ絵

KUSURIE
66

チェリー

- 代謝ホルモンの向上
- 人間関係が円滑に
- 心機一転

婦人科系トラブルに効果大

ベースの赤色は血液の流れを促します。婦人科系トラブルのほとんどが血流の異常や停滞であるため、このクスリ絵が効果を発揮するのです。足首の内側にあるツボ（三陰交）に当ててみてください。また、人を引き寄せるパワーがあるので、新しい出会いも期待できるでしょう。あなたに甘い恋が訪れる予感もします。

子宮・膀胱を労わる
　　クスリ絵

KUSURIE
67

レベッカ

月経の悩みを制御

慈悲深い心

イライラを解消

子宮疾患の症状をやわらげる

月経不順や月経痛、月経周期の乱れを是正するクスリ絵です。また、膀胱(ぼうこう)を強化して排尿トラブルも防ぎます。自尊心を守る作用があり、自分を労わり、周りにも優しくなることができます。他人から褒められたり認められたりして、重宝されやすくなります。絵柄の中心に自分の長所を書いて、目に見えるところに飾ってみてください。

KUSURIE 67 レベッカ

子宮・膀胱を労わる
クスリ絵

KUSURIE
68

確信

- 腎機能の向上
- 免疫力を上げる
- 判断能力を高める

膀胱を強くして悩みを改善

膀胱の壁を形成している細胞である扁平上皮を忠実に再現。このクスリ絵は膀胱炎の予防・改善に効果的です。膀胱や足の裏の湧泉というツボに当ててください。また、自分がやろうと思っていることや考えていることに確信がもてるようサポートもしてくれます。その思いをクスリ絵の中心に書いてみると、スムーズに事が運びます。

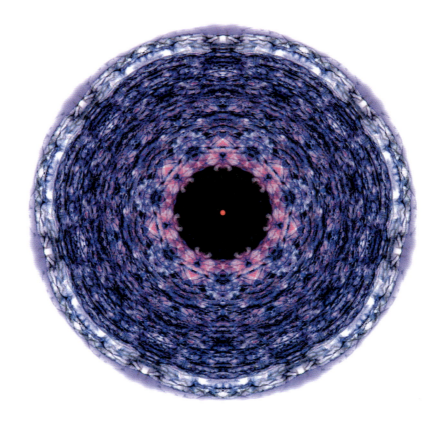

KUSURIE *68* 確信

妊娠・出産を導く
クスリ絵

KUSURIE
69

星の誕生

- 子宝に恵まれる
- チャレンジ精神
- 開運を導く

妊娠しやすい体に

絵柄を外側にして、下腹部に当てたり、貼っておくと妊娠しやすくなります。また、物づくり、起業、転職、交際を始めるなど、何かを生み出すことやスタートさせるのにも最適なクスリ絵です。あなたの頑張りを後押しして、幸運が舞い込みます。このクスリ絵を大切な人の誕生日にプレゼントするのもおすすめです。

KUSURIE *69* 星の誕生

妊娠・出産を導く
クスリ絵

KUSURIE
70

トグルク

- 妊娠中の体の痛みを軽減
- ストレス抑制
- 仕事や勉強のやりがい

幸せな安産を導く

絵柄の黄色は生体の緊張をやわらげる色です。この色がもつエネルギーによって、出産のときの不安や緊張が緩和されます。その結果、お母さんがリラックスできるので、安産に導かれます。このほかに、地道な仕事や勉強をなし遂げるためのサポートをする働きもあります。目につくところに置いて、絵柄に左手を当ててみましょう。

KUSURIE 70 **トグルク**

妊娠・出産を導く
クスリ絵

KUSURIE
71

ラズベリー

- 恋愛運上昇
- 良縁を引き寄せる
- セロトニンの増加

結婚や子宝の縁を運ぶ

まるで甘酸っぱい果物を輪切りにしたような絵柄が特徴です。甘酸っぱい恋愛をしてみたい人、人間関係を円滑にしたい人、子どもが欲しい人には、良縁を引き寄せるでしょう。バッグや財布に入れたり、スマホや携帯電話の待ち受け画像にしてみてください。絵柄の真ん中に、意中の人やパートナーの名前を書き入れると効果抜群です。

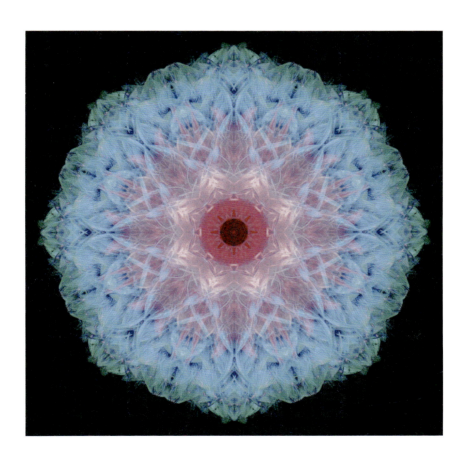

KUSURIE *71* ラズベリー

妊娠・出産を導く
クスリ絵

KUSURIE
72

ホビットの村

- ストレス性胃痛をケア
- プチうつを改善
- ハッピーな気分に

家族を笑顔にする

夫婦円満に導き、子孫繁栄に効果があります。ストレスで胃が悪い人は、この絵柄を胃に当てるとスッキリしてきます。この絵柄は、見る人の心を明るく輝かせて、楽しい気持ちを継続させます。そんなあなたに好意をもつ人が現れるでしょう。また、もし周りで落ち込んでいる人がいたら、このクスリ絵とともに慰めてあげてください。

KUSURIE 72 **ホビットの村**

妊娠・出産を導く
クスリ絵

KUSURIE
73

フラワーイエロー

- 妊娠中の悩みを解消
- 緊張をやわらげる
- サポートに恵まれる

妊婦の体を労わる

背景の優しい黄色は、妊娠中の心と体をほぐし、イライラやストレスから守ってくれます。そのほか、苦しいつわり、妊娠中のがんこな咳などに効果的。このデザインは、妊娠中も出産後もお母さんと赤ちゃんに多くの人たちの助けが来ることを示します。このクスリ絵を、自分がよくいる場所に置いたり、おなかに当てるといいでしょう。

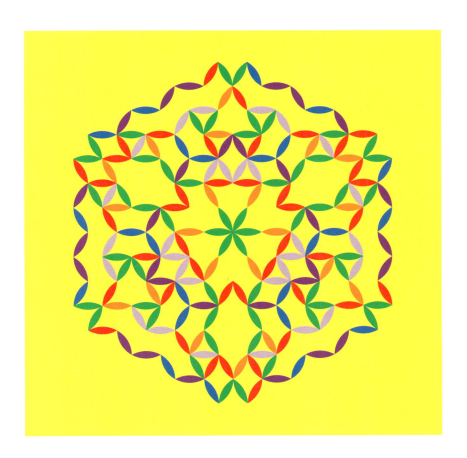

形と数字の不思議

色だけでなく形や数字にもエネルギーがあり、それらのエネルギーと形や数字はクスリ絵の絵柄の中にも反映されています。世界中で古くから伝えられている形と数字がもつ秘密を探りましょう。

形

黄金比
古来より人間が最も美しいと感じる比率(1:1.6)を黄金比と呼びます。パルテノン神殿をはじめ歴史建造物などに取り入れられています。

シンメトリー
左右対称の意味をもちます。動物や植物などの自然界はシンメトリーの性質があることから、宇宙の一部である人間には安心感を与えます。

螺旋・渦
螺旋は生命・成長を表し、風や水の渦巻きは自然界や宇宙界のシンボルです。古代ローマの建築様式には螺旋や渦が随所に使われています。

生命の樹
古代ユダヤのカバラの叡智を表したのが「生命の樹」です。人間、動物、植物、鉱物が一体となった"いのちの系譜"を意味しています。

神聖幾何学
古代文明の石造に必ずといっていいほど刻印されている神聖幾何学模様がフラワーオブライフ。この世界のすべての形あるものの源です。

数字

1 創造性、直感、先導力
2 献身、信頼、感情
3 調和、情熱、ユーモア
4 安定、忍耐、忠誠
5 中心的、活動的、多様性
6 慈善、寛大、好奇心
7 幸運、霊力、個性的
8 無限、独立性、リーダーシップ
9 才能、チャンス、神秘

第4章

不調を改善して体が変わる

体の痛みやコリをとる
クスリ絵

双龍 あわ歌

- ドラゴンの恩恵
- 願望が叶う
- 上半身のコリを改善

首の痛みや肩コリに効く

龍体文字自体に驚くほどパワーが宿っています。真上から見たような鏡文字にすることでさらにパワーアップ。ドラゴンの力をあなたの心と体に与えます。また、ドラゴンには人の願いを叶えてくれる力があります。願い事をクスリ絵の端や裏に書いてみましょう。痛みやコリに万能で、特に上半身に効果的。

KUSURIE 74 双龍 あわ歌

体の痛みやコリをとる
クスリ絵

KUSURIE
75

回復

- 下半身の強化
- デトックス効果
- ふくらはぎのむくみ抑制

足腰の不調を改善

ピンク色は足腰のアンチエイジングに働きかけ、緑色は筋肉のバランスをとるように作用します。中央の青色は肝臓機能を向上し、足腰に溜まった毒素を取り除きます。絵柄の真ん中に回復させたい体の部位やその思いを書き込んでください。しばらくすると、あなたの体も心も軽くなるような感覚へと導いてくれるでしょう。

KUSURIE 75 回復

体の痛みやコリをとる
クスリ絵

KUSURIE
76

スカイブルー

- 体幹を鍛える
- 疲れない体に
- 前向き思考

腰痛が消える

晴れ渡った日のようなスカイブルーの中を、様々な光が戯れるようなクスリ絵です。このデザインは安定性を表すエネルギーを発するため、体を軽くしたいときに持ち歩くと最適。腰や足、足首に絵柄を外側にして当てても効果的です。たくさん歩くというときや運動をするときには、あらかじめバッグに入れておきましょう。

体の痛みやコリをとる
クスリ絵

ホワイトスター

- 肺機能の衰え防止
- あらゆる再生パワー
- デコルテ部分の緊張緩和

上半身がラクになる

白色は肺を表すため、このクスリ絵を数分間眺めているだけで呼吸がしやすくなります。肩や背中のコリも緩和され、上半身の機能がアップします。肺活量が向上し、声が出やすくなります。また、すべての不純なものを取り除き、異常な状態を正す作用があります。額に入れて、自分のお気に入りの場所に飾っておくといいでしょう。

様々な不調を改善する
クスリ絵

KUSURIE
78

聖輪

- 負のエネルギーを弾く
- イライラ・不安を払拭
- 気持ちの鎮静

更年期障害の うつ症状を取り除く

配色のシルバーは高貴な色で強いエネルギーをもちます。仏教の法輪(ほうりん)を思わせるようなデザインでありながら、凛とした品格と威厳をもち、聖なる力が宿るクスリ絵です。絵柄から人に安心感を与える波動が発せられ、不安やうつ症状がある人の味方になります。状況の変化に対応して、あなたをあらゆる問題から守ってくれるでしょう。

KUSURIE *78* 聖輪

様々な不調を改善する
クスリ絵

KUSURIE
79

ゴールデンあんど

- 肝臓のケア
- あらゆる悩みを解消
- 治癒力向上

絶大な疲労回復効果

背景のオレンジ色は人間の健康な肝臓を表します。絵柄には薬師如来(やくしにょらい)と弥勒菩薩(みろくぼさつ)のパワーが宿っており、仏教と深く結びついたクスリ絵です。アルコールに強いため、パーティーや飲み会などがあるときは、事前にこの絵柄に右手を置きましょう。酔いや飲み過ぎから守ってくれる効果があります。生活習慣病の改善にも◎。

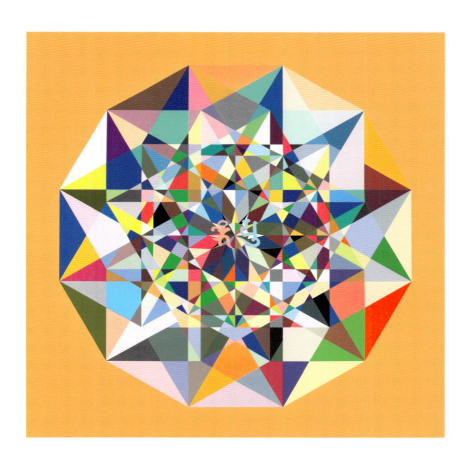

KUSURIE 79 ゴールデンあんど

様々な不調を改善する
クスリ絵

KUSURIE 80

ダイヤグラムカラー

- もの忘れの改善
- 脳が冴える
- 能力を発揮

認知症を予防する

背景の赤色は活力を促してポジティブ精神をもたらし、緑色は気持ちをリラックスさせます。この反比例するような組み合わせと迷路のような絵柄が、脳に刺激を与え、認知症や脳の老化を防止します。緑の線を指でなぞると脳が鍛えられ、問題やパズルなどを１問解いたときと同じ効果が得られるので、毎日なぞりましょう。

様々な不調を改善する
クスリ絵

KUSURIE
81

天河の鈴

- 潜在能力の向上
- 体がポカポカする
- エネルギーを生成

つらい冷え性を防止

消化不良からくる冷え性には、膵臓(すいぞう)がある胸下あたりにこのクスリ絵を外側に向けて当ててみてください。ほのかに温かくなる感覚があるでしょう。夜はぐっすり眠れ、朝の目覚めは快適で、体からエネルギーが湧き上がってくることがわかります。生まれもった才能や能力が開花し、周囲が驚くはずです。

KUSURIE *81* 天河の鈴

様々な不調を改善する
クスリ絵

KUSURIE
82

立体マンダラ

- 思考がクリアに
- 無病息災
- 喉がスッキリ

頭痛と鼻づまりに効果大

真ん中の赤は不動明王（ふどうみょうおう）を表し、その周りの10尊は仏様を表します。それらがマンダラの中心に君臨し、強いパワーを宿しています。背景のゴールドは、絵柄と同じように高貴で特別な印象を与えます。絵柄の上に右手を置き、左手を眉間（第三の目）に添えてみると、あなたを見守る優しい仏様たちのあらゆるパワーが体内に伝わります。

KUSURIE 82 立体マンダラ

クスリ絵の疑問を解決！

Q&A

クスリ絵についての知識を高めたい方や、すでに一通りクスリ絵を知っている方などそれぞれいらっしゃるかと思います。湧いてくる素朴な疑問にお答えしました。

Q 気に入った絵がありますが、目当ての効能ではありません。

A ご自身が気に入られた絵柄は、その日、そのときのあなたが潜在的に求めているクスリ絵です。目当ての効能と違っても、気になったクスリ絵が今のあなたに必要で最適なクスリ絵ということです。これはあなたを取り巻く生命場を整え、エネルギーを与えてくれます。日々のセレクトも楽しみながらクスリ絵に触れるといいでしょう。

Q クスリ絵を眺める時間は何分間がいいですか？

A 「何分間眺めよう」などと時間を決めずに、自分の時間が許される限り眺めていて大丈夫です。1分ですぐに効果が実感できる人もいれば、10分眺めても効果があまりわからない人もいます。いちばん大事なのは「自分の気持ちに従うこと」です。絵柄から発するパワーは常時変わりませんので、眺めたいときにクスリ絵を眺めましょう。

Q お守りのように持ち歩きたいですが、本だと大き過ぎます。どのようにして持ち歩くとよいですか？

A 持ち歩きたいクスリ絵が見つかったら、スマホや携帯電話のカメラ機能で撮影して、待ち受け画像などに設定するのがお手軽でおすすめです。または、デジカメや一眼レフカメラで撮影し、プリントして写真で持ち歩くのもいいでしょう。なるべく歪みや影が出ないように、絵柄の真上から撮影してください。

Q どうやって使うのがいちばん効果を得られますか？

A いちばんのポイントは「効果を得たい」という願望をもたずに、眺める、体に当てる、手のひらで触る、カバンなどに入れて持ち歩くことでしょう。改善したい不調や思いは、叶った形を過去形でクスリ絵に書き出してしまい、楽しむ気持ちでクスリ絵を使用してもらうのが、最も効果的な使用方法です。気が向いたときに本書を手に取り、"今"の自分に合ったクスリ絵を見つけましょう。

Q クスリ絵があるから、医者から処方された薬は飲まなくていいですか？

A 処方薬の服用をやめる自己判断はやめましょう。クスリ絵を使用して、症状や数値などが改善したなら、必ず主治医に相談して指示を得てください。クスリ絵はアートであり、直接病気を治す"薬"ではありません。処方薬とクスリ絵の併用は問題ありませんが、使用してみて不調を感じた場合はクスリ絵の使用をお控えください。

Q クスリ絵を体に当てたり、触ると、すぐに効果が出ますか？

A すぐに効果を感じる人もいれば、感じない人もいて、人それぞれです。効能にとらわれず、本書をパラパラめくって自分の心が何かを感じた絵柄が、あなたが求めている、または効果をもたらすクスリ絵だといえます。絵柄自体がパワーを発していますので、自分の身近な場所に置くこともおすすめです。

Q 好きなクスリ絵がたくさんあります。一緒に使っても大丈夫ですか？

A お気に入りの何枚かのクスリ絵を同時に持ち歩いたり、並べて飾ったり、重ねて体に貼ったりしても問題ありません。あなたの思うように、好きなときに好きなように使ってください。ただし、たくさんのクスリ絵を使うと、どれがいちばん効果があったのかがわかりにくくなってしまうこともありますので、そのことは頭に入れておいてください。

Q コピーして、折り曲げてお財布の中に入れてもいいですか？

A コピーはおすすめできません。コピーをすると、絵柄が歪んだり変色したりして、本来クスリ絵がもっているパワーが落ちてしまいます。むしろ、逆の力が働くおそれがあり、症状や気持ちを低下させてしまうかもしれません。クスリ絵を折り曲げることも、絵柄に余計な線が入り、色が抜ける可能性もあるのでなるべくやめましょう。お財布などの小さなところに入れたい場合は、本書の巻末に付いているシールを使うといいでしょう。紙などの台紙に貼って切り取り、お財布に入れるとお守り代わりになります。

Q クスリ絵に文字を書いても大丈夫ですか？

A 自分の願望や宣言を書くことにより、あなたの思いがクスリ絵に届きやすくなります。書く場合にはできるだけ詳しく、願望や宣言が叶った形（過去形）で書くことが重要です。また、書く行為は潜在意識に強く働きかけるので、より効果的です。クスリ絵の絵柄の上でも、表裏の余白のどこに書いても構いませんので、自分の自由な思いを素直に書き込んでみましょう。

Q クスリ絵を創作した丸山先生に、自分の悩みをお話しすることはできますか？

A 体の悩みや不調に関することでしたら、医師として診療します。クリニックは仙台市にあります。詳しくはクリニックのホームページをご確認ください。ホームページの「よくある質問」のところにも詳細が記してあります。
http://www.maru-all.com
※お電話による診察やご相談は受け付けていませんので、ご了承ください。

Q クスリ絵の上に、食べ物や飲み物を置くと味が変化しますか？

A 答えはイエスです。過去に、実際にクスリ絵を使って実験してみました。「フラワーシャーベット（P8）」の上に3日間置かれたイチゴは腐ることなく、さらにおいしくなりました。一方白い紙の上に置かれたイチゴは、カビが生え食べられない状態になりました。また、「ゴールデンあんど（P176）」のクスリ絵の上に水を置くと、二日酔いや胃のむかつきをやわらげ、生命を生き生きさせる水になります。クスリ絵から電気磁気エネルギーが発せられているので、食べ物や飲み物の味がおいしくなるのは当然のことです。

Q 朝と夜に見るのは、どちらがおすすめですか？

A クスリ絵を見る時間帯によって、パワーが変わることはありません。就寝時にクスリ絵を体に貼ったり、枕や布団の下に敷いたりすることで、眠りの質や不調の改善につながった方は多くいます。時間がない忙しいときやイライラしているときに見るより、見たいときに見ることがおすすめです。あえて時間をとらなくても、寝室に貼ったり枕や布団の下に敷いたりすると、自然とクスリ絵と触れ合うことができ、一日の疲れを癒やせるでしょう。

 Q 願いが叶ったら、お守りみたいに返納する場所はありますか？

A 神社で授与されるお守りやお札などとは異なりますので、返納する場所はありません。願いが叶ったあとや効果を実感できたあとでも、もちろん持っていても構いませんし、処分してクスリ絵を新調するのもあなたの自由です。もし手放したいときには、お住まいの地域のゴミ分別方法に従って処分してください。または半紙に包んでお焚き上げをするのもいいでしょう。その際、「ありがとうございました」と感謝の気持ちを込めて、処分してください。

 Q クスリ絵を神社や教会に持って行ってもいいですか？

A もちろん問題ありません。クスリ絵自体も神聖なエネルギーが集まるところを好み、神社や教会のよい波動を絵柄に吸収します。ただし、祈禱（きとう）やミサの最中にクスリ絵を掲げたりして周りの人の迷惑にならないようにしましょう。

 Q クスリ絵の効果がいまいちわかりません。どうやったら効果を実感できますか？

A クスリ絵の効果が感じられないという人もいますが、その場合は気持ちにバリアを張っている状態の方が多いようです。クスリ絵のエネルギーを受け取りやすくするには、目を閉じて深呼吸を行ったり、ストレッチをして心身の緊張をほぐしてから、クスリ絵を眺めたり体に当てたりしてみてください。「ホ・オポノポノ」で知られる心の浄化法で、潜在意識に働きかけるのもいいでしょう。「ごめんなさい」「許してください」「愛しています」「ありがとう」の４つの言葉を唱えると、効果がより実感できるはずです。

Q 家族や友人にクスリ絵をプレゼントしてもよいですか？

A もちろんです。あなたの大切な人たちにクスリ絵をプレゼントしてください。クスリ絵がもっているエネルギーとあなたの愛情の相乗効果で、クスリ絵のパワーが大きくなるでしょう。クスリ絵は、その人の悩みや体調に合ったものを贈ってもいいですし、その人のイメージに合った絵柄でもいいでしょう。

 Q クスリ絵を使うにあたって、神聖幾何学やカタカムナの知識も必要ですか？

A 日常で使用する場合には、知識は必要ありません。自分の好きなように自由にクスリ絵を使っていただけます。しかし、もっと興味が湧いたり、理解を深めたければ、神聖幾何学やカタカムナなどを勉強すると、新しい発見ができるので面白いです。

 Q クスリ絵を使うのに、年齢制限などはありますか？

A 年齢制限はありません。どんな年齢の人も使用可能なのがクスリ絵の利点です。また、ペットや植物にも使用できます。赤ちゃんや子ども、ペットのほうが、人間の大人よりも感受性が豊かなので、効果が得られやすいこともあります。調子が悪くなった場合は、使用を中断するだけなので副作用などの心配もありません。

 Q スピリチュアルな感性がなくても、クスリ絵を使ってもよいですか？

A もちろんです！ 自分ではスピリチュアルな感性がないと思っていても、潜在意識に働きかけることができて、その感性を強化できます。むしろクスリ絵を使うことによって、あなたの眠っている能力がどんどん開花されるかもしれません。

Q 額に入れて、玄関やトイレの壁に飾ってもよいですか？ また、家の中だとどこに貼るのがベストですか？

A 玄関やトイレなどの気の流れが滞りやすいところは、クスリ絵をインテリアとして置くのに適しています。すべてのクスリ絵には気の流れをよくする効果があるからです。また、寝具の下、寝室の壁などはベストな場所といえます。なぜなら人間は眠っているときが、いちばん"無"の状態で、先入観やエゴなどがないため、効果が発揮されやすくなるからです。眠りの質も高まり、翌朝の目覚めもスッキリするでしょう。

Q 外国人の友だちにおすすめしたいのですが、クスリ絵をどのように説明すればいいですか？

A 「アートセラピー（art therapy）」と伝えれば、わかりやすいでしょう。クスリ絵も以前は、別の名前で呼んでいましたが、研究のテーマのために呼び方を「クスリ絵」に改名しました。いつか「Kusurie」という言葉が世界共通語になる日が来ることを願っています。

Q クスリ絵を使うと、がんや病気は治りますか？

A クスリ絵は直接的に病気やがんを治すことはできません。しかし、20年以上研究を続けており、全国から「不調が改善できました！」「願いが叶った！」などの多くの喜びの声が寄せられています。治すことを目的とせず、人生をよりよくするためのサポートと思ってクスリ絵を使用してみてください。

Q クスリ絵は本だけでしょうか？ ほかにもグッズはありますか？

A 書籍やムック、雑誌の特集などで本は数多く刊行されています。またクスリ絵グッズもたくさん制作・販売をしており、専門ショップがあります。オンラインでの販売も行っておりますので、詳細はグッズ販売のホームページをご確認ください。
https://yunica-shop.com

心身ともに効果抜群！

クスリ絵シールの使い方

クスリ絵を自分の体に近づけると、絵柄がもっているパワーが体に伝わり、より効果が発揮されることがわかっています。絵柄のシールは最強パワーをもつといわれており、どんな症状や願い事にも効くでしょう。厳密な決まりはありませんので、好きなところに貼って癒やされてください。

- ✅ 好きなクスリ絵シールを不調と思う部分に貼る
- ✅ 別のクスリ絵シールを重ねて貼ってもよい
- ✅ 自分が納得いくまで、クスリ絵シールを貼っていられる
- ✅ １日何回もクスリ絵を眺めることで効果が倍増する

A点に貼る

耳の後ろのA点に貼ると、あらゆる症状が改善！

A点
（耳たぶの後ろのリンパの部分）

体の悩みや不調など、どんな症状にも効果的なのが、左右の耳たぶの後ろの「A点」です。指を耳の後ろに当てて口を開けたときにくぼむところです。脳と体を結ぶリンパが流れているこの場所は、免疫力が下がったりストレスを感じると、はれたり病気を引き起こします。このA点にクスリ絵シールを貼ることで、体に悪いものから身を守る働きをします。

直感を大事にして、いろんなところに貼りましょう。

スマホや携帯電話に貼る

電子機器がもつ邪気を払う働きがあるので、日常でよく使うスマホや携帯電話などに貼ると、脳や神経に効果的です。

体に貼る

自分が治したい箇所や変えたい箇所に貼ると、体がクスリ絵に反応してじんわりと効果を実感できるでしょう。

枕などの寝具に貼る

就寝中の人間は高次元空間にいるため、効果が得られやすいです。枕などの寝具に貼って癒やされましょう。

壁やドアに貼る

よく目につく場所に貼ると、潜在意識に働きかけるサポートをして、脳にも記憶されるので高い効果を発揮します。

いつも持ち歩く小物に貼る

本書のシールはコンパクト。お手持ちの小物などに貼って、自分だけのオリジナル小物にしましょう。

パソコンに貼る

パソコンやラップトップの邪気払いにも有効です。作業中の息抜きにクスリ絵と向き合ってみてください。

▶クスリ絵シールは巻末にあります。

【ご注意】●肌に異常が生じてないかよく注意してご使用ください ●傷・はれもの・湿疹など、異常のあるところには使用しないでください ●乳幼児の手の届くところには置かないでください ●これまでの薬や治療はストップせずに、並行してご使用ください ●調子が悪くなったなど、体に合わない場合は、クスリ絵シールの使用を中止してください

● STAFF

カバーデザイン　林 あい
本文デザイン・DTP　川瀬 誠
編集協力　小野瑛里子、阪井日向子
編集　橋詰久史

医者が考案した見るだけでやせるクスリ絵
2019年 7月 6日　第1刷発行
2024年 2月20日　第4刷発行

著者　丸山修寛
発行人　蓮見清一
発行所　株式会社宝島社
　　　　〒102-8388　東京都千代田区一番町25番地
　　　　電話(編集)03-3239-0927
　　　　　　(営業)03-3234-4621
　　　　https://tkj.jp

印刷・製本　日経印刷株式会社

本書の無断転載・複製を禁じます。
乱丁・落丁本はお取り替えいたします。
©Nobuhiro Maruyama 2019
Printed in Japan
ISBN978-4-8002-9564-4

フラワーシャーベット

詳しい使い方は190ページ以降にあります。

アイム

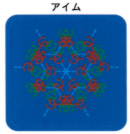

カタカムナゴールデンドラゴン

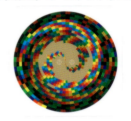

スーパーアルファオメガ

フェアリーの食卓

ダイヤ

詳しい使い方は190ページ以降にあります。

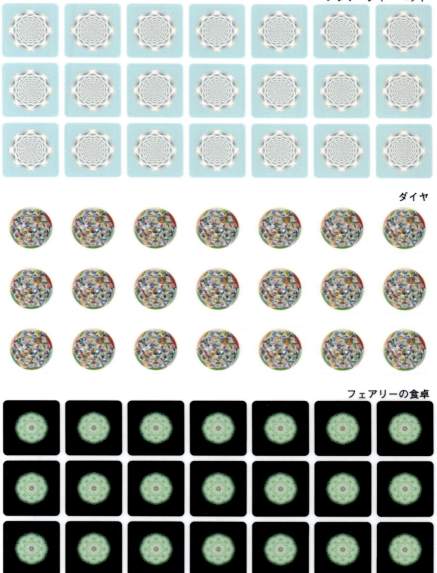

フラワーシャーベット

ダイヤ

フェアリーの食卓